Filastrocche Italiane

Italian Nursery Rhymes

Illustrated by Ellen Locatelli

Filastrocche Italiane– Italian Nursery Rhymes

Illustrations Copyright © 2009 by Ellen Locatelli
Design by Claudia Cerulli

Visit "I Read Italian" for more books and resources for bilingual children
www.ireaditalian.com

Long Bridge Publishing
USA
www.LongBridgePublishing.com

ISBN-13: 978-0-9842723-1-0
ISBN-10: 0-9842723-1-3

Indice – Index

Stella Stellina

Stella stellina,
la notte si avvicina.
La fiamma traballa,
la mucca è nella stalla,
la mucca col vitello,
la pecora e l'agnello,
la chioccia coi pulcini,
la mamma coi bambini.
Ognuno ha la sua mamma
e tutti fan la nanna.

What it means:

Star, little star,
nighttime is approaching.
The flame flickers,
the cow is in the stable,
the cow and her calf,
the sheep and her lamb,
the hen with the chicks,
the mom with the children.
Everyone has his mom
and everyone sleeps.

Bim Bum Bà

Bim bum bà
Quattro vecchie sul sofà,
una che fila, una che taglia,
una che fa cappelli di paglia,
una che fa coltelli d'argento
per tagliare la testa al vento.

What it means:

Bim bum bà (nonsense phrase)
Four old women sit on the sofa,
one spins, one cuts,
one makes hats of straw,
one makes silver knives
to chop the wind's head off.

Filastrocca della Lana

Filastrocca della lana,
salta e gracida la rana,
vola e trilla l'uccellino,
corre e abbaia il cagnolino,
tesse tesse il buon ragnetto
la sua tela nel buchetto,
va sul fiore la farfalla,
l'anatroccolo sta a galla.

What it means:

*Nursery rhyme of the wool,
the frog jumps and croaks,
the bird flies and trills,
the little dog runs and barks,
the good little spider weaves
its web in the little hole,
the butterfly goes on the flower,
the duckling keeps afloat.*

La Bella Lavanderina

La bella lavanderina
che lava i fazzoletti
per i poveretti della città.
Fai un salto,
fanne un altro,
fai la giravolta,
falla un'altra volta.
Guarda in su,
guarda in giù,
dai un bacio a chi vuoi tu.

What it means:

*The pretty young washerwoman
washes the handkerchiefs
for the poor of the town.
Jump once,
jump again,
twirl around,
do it again.
Look up,
look down,
give a kiss to whom you want.*

Ambarabacciccicccoccò

Ambarabacciccicccoccò,
tre civette sul comò
che facevano all'amore
con la figlia del dottore.
Il dottore si ammalò,
Ambarabacciccicccoccò.

What it means:

Ambarabacciccicccoccò (nonsense phrase),
three owls on the chest of drawers
that made love
with the doctor's daughter.
The doctor fell ill,
Ambarabacciccicccoccò.

Capra Capretta

Capra, capretta che bruchi l'erbetta,
vuoi una manciata di sale da cucina?
Il sale è salato, il bimbo è nel prato,
la mamma è alla fonte, il sole è sul monte,
sul monte è l'erbetta, capra capretta.

What it means:

*Goat, little goat eating young grass,
would you like a handful of cooking salt?
Salt is salty, baby is on the field,
mother is at the fount, the sun is above the mountain,
the grass is on the mountain, goat, little goat.*

Palla Pallina

Palla pallina
dove sei stata?
Dalla nonnina.
Cosa hai mangiato?
Pane e ciliegia.
Cosa hai bevuto?
Acqua del mare.
Buttala via
che ti fa male.

What it means:

Ball, little ball
where have you been?
At granny's.
What have you eaten?
Bread and cherry.
What have you drunk?
Sea water.
Trow it away
'cause it makes you sick.

Pioggia Pioggia Vai Via

Pioggia pioggia vai via,
non bagnar più casa mia.
Ora te ne devi andare
perchè io vorrei giocare.

What it means:

Rain, rain go away,
don't drench my home any more.
Now you must go away
because I would like to play.

Occhio Bello

Questo è l'occhio bello,
questo è suo fratello,
questa è la chiesina
e questo il campanello.
Din don, din don, din don.
La testina bionda,
guancia rubiconda,
bocca sorridente,
fronte innocente.
Din don, din don, din don.

What it means:

This one is the beautiful eye,
this one is its brother,
this one is the little church,
this one is the little bell.
Din, din, din. Din, din, din.
The little blond head,
the ruddy cheeck,
the smiling mouth,
the innocent forehead.
Din, din, din. Din, din, din.

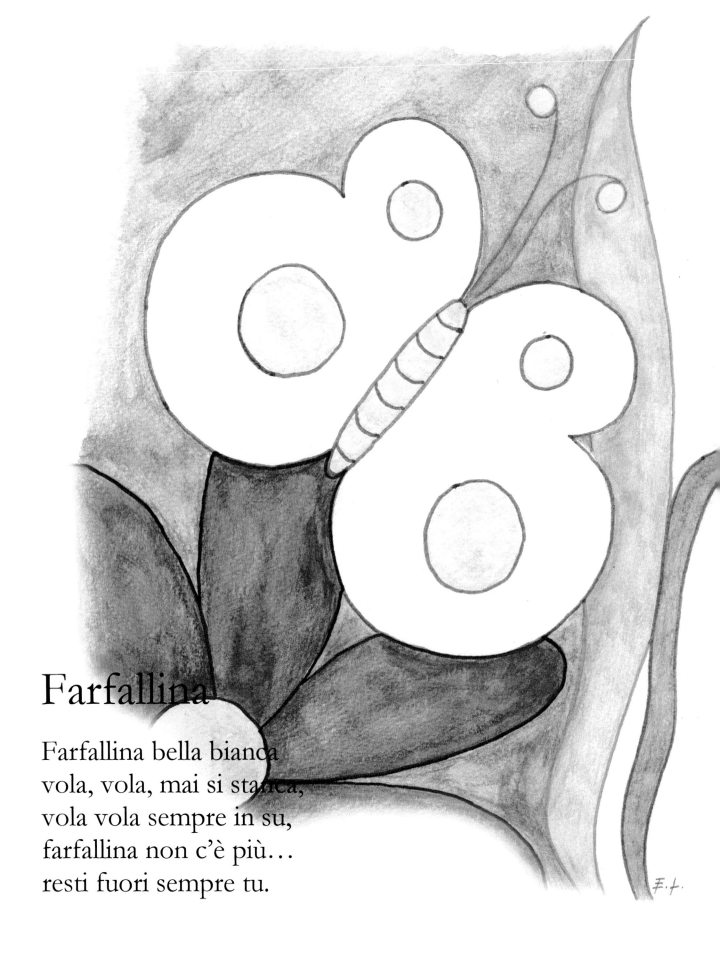

Farfallina

Farfallina bella bianca
vola, vola, mai si stanca,
vola vola sempre in su,
farfallina non c'è più…
resti fuori sempre tu.

Filastrocca dei Mesi

Trenta giorni ha Novembre
con April, Giugno e Settembre,
di ventotto ce n'è uno,
tutti gli altri ne han trentuno.

La Befana

La Befana vien di notte
con le scarpe tutte rotte,
col cappello e la sottana
viene viene la Befana.
Lascia un dono sul camino…
quando va fa un bell'inchino.

What it means:

*The Befana comes at night
with her broken shoes,
with a hat and her undergarment,
here comes, here comes the Befana.
She leaves a gift by the fireplace...
when she leaves she does a nice curtsey.*

E.L.

Girogirotondo

Giro girotondo,
casca il mondo,
casca la terra.
Tutti giù per terra!

What it means:

Turn, turn around,
the world is falling down,
the earth is falling down.
Everybody sit down!

La Vispa Teresa

La vispa Teresa avea tra l'erbetta
al volo sorpreso gentil farfalletta
e tutta giuliva, stringendola viva,
gridava distesa: "L'ho presa, l'ho presa!"
A lei supplicando l'afflitta gridò:
" Vivendo, volando che male ti fò?"
" Tu si mi fai male stringendomi l'ale"
" Deh, lasciami anch'io son figlia di Dio".
Confusa, pentita Teresa arrossì,
dischiuse le dita e quella fuggì.

What it means:

*Lively Teresa had captured a kind little butterfly
while it was flying on the grass and all happy she was
holding her and shouting: "I caught it, I caught it!".
So the distressed (butterfly) begged and cried out:
"While I live, while I fly, how do I hurt you?"
You indeed hurt me by squeezing my wings"
"Let me go, I am a creature of God, too".
Confused and remorseful Teresa blushed,
she opened her hands and that (butterfly) escaped.*

Piove Piove

Piove piove,
la gatta non si muove,
si accende la candela,
si dice buonasera.
Piove piove,
la gatta non si muove,
si accende il lumicino,
si dice buon mattino.

What it means:

It rains, it rains,
the cat doesn't move,
we lit the candle,
we say good evening.
It rains, it rains,
the cat doesn't move,
we turn the little lamp on,
we say good morning.

Batti Batti le Manine

Batti batti le manine
che arriverà papà.
Porterà i dolcetti
e la bimba li mangerà.

Pin Pin Cavallin

Pin pin cavallin
con tre staie del mulin:
pane caldo, pane fresco
a te quello, a me questo.

Pio Pio (Pulcino)

Lunedì chiusin chiusino,
martedì bucò l'ovino,
sgusciò fuori mercoledì,
"Pio Pio" fè giovedì,
venerdì fu un bel pulcino,
beccò sabato un granino,
la domenica mattina
aveva già la sua crestina.

What it means:

On Monday it was closed,
on Tuesday it made a hole in the shell,
it hatched on Wednesday,
"Pio Pio" said on Thursday,
on Friday it was a nice chick,
on Saturday it pecked at a tiny grain,
on Sunday morning
it already had its tiny crest.

Pinpirulin

Pinpirulin piangeva,
voleva mezza mela.
La mamma non l'aveva,
Pimpirulin piangeva.
A mezzanotte in punto
passava un aeroplano
e sotto c'era scritto:
"Pimpirulin stà zitto!".

What it means:

Pinpirulin was crying,
he wanted half an apple.
His mother did not have it,
Pinpirulin was crying.
Exactly at midnight
an airplane passed by
and underneath it was written:
"Pinpirulin be quiet".

Ninna Nanna Ninna Oh

Ninna nanna ninna oh,
questo bimbo a chi lo do?
Lo darò alla Befana
che lo tiene una settimana.
Lo darò all'Uomo Nero
che lo tiene un anno intero.
Lo darò all'Uomo Bianco
che lo tiene finchè è stanco.
Ma lo tiene la sua mamma
se lui adesso fa la nanna.
Ma lo tiene il suo papà
se la nanna adesso fa.

What it means:

Lullaby, lullaby, lullaby, oh, - who will I give this baby to?
I will give him to the Befana - and she will keep him for a week.
I will give him to the Black Man
and he'll keep him for a whole year.
I will give him to the White Man
and he'll keep him till he's tired.
But his mom will keep him if he will go to sleep.
But his dad will keep him if he will fall asleep.

Gioca e impara

Play and learn

Collega le parole

Match the words

STELLA	GOAT
CAPRA	RAIN
MESI	BALL
PALLA	STAR
PIOGGIA	MONTHS

Collega le parole

Match the words

OCCHIO	BUTTERFLY
FARFALLA	HATS
NOTTE	FROG
MUCCA	EYE
CAPPELLI	FLOWER
VENTO	NIGHT
RANA	COW
FIORE	WIND

Cerca le parole

Search the words

Riesci a trovare queste parole nel riquadro qui sotto?

Segna quelle che trovi e ricordati di controllare in orizzontale e verticale.

Can you find these words in the puzzle below?

Circle each one you find. Be sure to look across and down.

civette – cucina - sole

palla - ciliegia - acqua – mare

C	I	A	G	M	I	A	R	P
I	G	C	U	A	C	Q	U	A
V	M	U	S	R	A	N	T	L
E	A	C	O	E	N	N	E	L
T	C	I	L	I	E	G	I	A
T	Q	N	E	S	G	O	M	M
E	O	A	R	F	I	U	E	P

Inserisci le lettere mancanti

Fill in the missing letters

CAS _

FRAT _ LLO

B _ CCA

GI _ RNI

_ OTTE

MON _ O

Ricomponi le parole

Mixed up words

Le lettere delle parole qui sotto sono tutte mischiate.

Riesci a rimetterle a posto?

Ricorda che sono tutte contenute nella storia.

These words are all mixed up! Can you fix them?

Hint: they are all in the story.

TADI	....
DELACAN	....
EPAN	....
TOSABA	....
ELAM	....

Le soluzioni sono nell'ultima pagina.

Answers on last page.

Dizionario

Dictionary

- acqua — water
- candela — candle
- cappelli — hats
- capra — goat
- casa — house
- ciliegia — cherry
- civette — little owl
- cucina — kitchen
- dita — fingers
- farfalla — butterfly
- fiore — flower
- fratello — brother
- giorni — days
- mare — sea
- mela — apple
- mesi — months
- mondo — world
- mucca — cow
- notte — night
- occhio — eye
- palla — ball
- pane — bread
- pioggia — rain
- rana — frog
- sabato — Saturday
- sole — sun
- stella — star
- vento — wind

Soluzioni

Answers

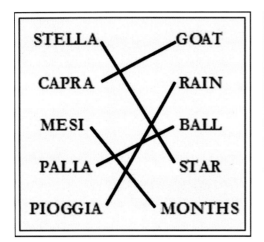

STELLA — STAR
CAPRA — GOAT
MESI — MONTHS
PALLA — BALL
PIOGGIA — RAIN

C	I	A	G	M	I	A	R	P
I	G	C	U	A	C	Q	U	A
V	M	U	S	R	A	N	T	L
E	A	C	O	E	N	N	E	L
T	C	I	L	I	E	G	I	A
T	Q	N	E	S	G	O	M	M
E	O	A	R	F	I	U	E	P

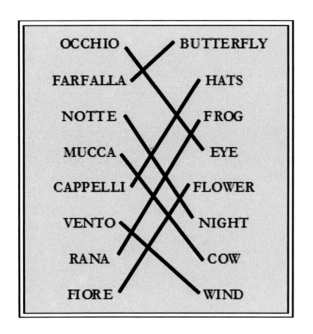

OCCHIO — EYE
FARFALLA — BUTTERFLY
NOTTE — NIGHT
MUCCA — COW
CAPPELLI — HATS
VENTO — WIND
RANA — FROG
FIORE — FLOWER

CAS <u>A</u>

FRAT <u>E</u> LLO

B <u>O</u> CCA

GI <u>O</u> RNI

<u>N</u> OTTE

MON <u>D</u> O

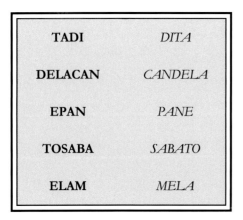

TADI	*DITA*
DELACAN	*CANDELA*
EPAN	*PANE*
TOSABA	*SABATO*
ELAM	*MELA*

Manufactured by Amazon.ca
Bolton, ON

16132566R00029